TUNTÚN DE PASA Y GRIFERÍA

Luis Palés Matos

TUNTÚN DE PASA Y GRIFERÍA

Editorial de la Universidad de Puerto Rico

Los lectores interesados en una edición crítica de *Tuntún de pasa y grifería* pueden consultar la de Mercedes López Baralt en *La poesía de Luis Palés Matos* publicada por la Editorial de la Universidad de Puerto Rico.

Primera edición, 2000
Reimpresión, 2003

Library of Congress Cataloging-in-Publication Data
Tuntún de pasa y grifería / Luis Palés Matos;
edición de Mercedes López Baralt.- 1 ed.
      P. M.
      Includes bibliographical references
      ISBN 0-8477-0111-5
      I. López Baralt, Mercedes. II. Title

PQ

EDITORIAL DE LA UNIVERSIDAD DE PUERTO RICO
Apartado Postal 23322
Río Piedras, Puerto Rico 00931-3322
Administración: Tel. (787) 250-0046 / FAX (787) 753-9116
Dpto. de Ventas: Tel. (787) 758-8345 / FAX (787) 751-8785

*A Tomás Blanco y Ramón Lavandero,
altos y fraternos, por lo que el autor debe a
su estímulo espiritual.*

Contentido

Luis
Palés
Matos

(1898-1959)

L uis Palés Matos es conocido más que nada
por el *Tuntún de pasa y grifería* (1937); sin
embargo, como otras grandes figuras líricas de nuestro
continente mestizo, su obra recorre el camino amplio
que va desde el modernismo de sus *Azaleas* (1915) y el
posmodernismo de sus machadianas *Canciones de la
vida media* (1915), hasta la posvanguardia de sus
últimos cantos al amor y la muerte (el ciclo de Filí-
Melé). Poeta autodidacta, inmerso en el mundo oral
de la bohemia, más regional que nacional, el "viajero
inmóvil" que es Palés vierte sus versos en las páginas
de diarios y revistas literarias del país, animándose a
publicar sólo dos libros entre los múltiples manuscritos
que dejó listos para la imprenta. Federico de Onís y
Margot Arce fueron los primeros en el ambicioso
esfuerzo de recoger, en una primera antología (1957)
y un volumen de poesía completa (1978,1984), la
espléndida oferta poética del vate guayamés.

Breve biografía

por Ana Mercedes Palés

Luis Palés Matos nació en Guayama, Puerto Rico, el 20 de marzo de 1898. Guayama está localizada en la costa sur de Puerto Rico. Cuando Palés Matos nació, Guayama era un pueblo tranquilo, solitario y seco que influyó grandemente en su poesía y en su prosa.

Sus padres fueron Vicente Palés Anés y Consuelo Matos Vicil. Ambos eran poetas. Su padre era maestro y su madre permaneció en el hogar cuidando de sus seis hijos. El hijo mayor murió en la infancia y los cinco restantes, tres varones y dos hembras, crecieron y se convirtieron en poetas, pero los únicos que publicaron libros fueron Luis, Vicente y Gustavo.

Palés Matos comenzó a escribir en la adolescencia. En 1915, a la edad de dieciséis años, publicó *Azaleas*, su primer libro de versos. Este libro, que comenzó a escribir antes de los catorce años, muestra la influencia poética en el novel escritor de Rubén Darío, Julio Herrera Reissig y Leopoldo Lugones. *Azaleas* pertenece al período inicial del Modernismo Latinoamericano.

Desde muy joven Palés Matos leía vorazmente. El escritor puertorriqueño Tomás Blanco afirma que

Azaleas es "una mezcla de los románticos, parnasianos, simbolistas, modernistas y de qué sé yo. Hugo, Dumas, Lamartine, Byron, Poe, Sudermann, Gorky, Baudelaire, Verlaine, Valle Inclán, Herrera Reissig, Lugones y, por supuesto, Rubén Darío".

El 14 de noviembre de 1913, después de recitar su poema "El cementerio" en honor del poeta peruano José Santos Chocano, fallece inesperadamente Vicente Palés Anés en el escenario del Teatro Bernardini de Guayama, lo que afectó profundamente al joven Luis. Dos versos del poema leen así:

El alba llorará sobre mi tumba
y el verde abril la cubrirá de flores.

Después de la muerte de su padre, Palés Matos abandonó la escuela en el segundo año de estudios superiores para irse a trabajar y así ayudar a la economía de su familia. Nunca reanudó los estudios formalmente.

Sin embargo, el desarrollo intelectual del joven no se afectó al abandonar la escuela. Asistía con gran regularidad a la biblioteca municipal con su primo Andrés, y allí leía novelas de aventuras y de misterio. Sus autores favoritos eran Julio Verne, Ernest Theodor Amadeus Hoffman y Robert Louis Stévenson y su novela *La isla del tesoro*. En la biblioteca municipal, Palés Matos también descubrió otros autores de libros de temas más profundos, como Máximo Gorky y Hermann Sudermann.

El poeta vivió en dos mundos diferentes: en el pueblo de Guayama, que lo aburría, y en el mundo exótico de la literatura. Quizás este contraste le hacía más asfixiante la realidad que lo circundaba y lo impelía a la ensoñación literaria.

En 1914 comenzó a publicar en los periódicos locales. En marzo de 1915 escribió los poemas que pertenecen al ciclo que él llamó Programa Silvestre. Algunos de estos poemas son reflejo de su estadía en el barrio Carite, donde trabajó como ayudante de maestro rural. El poema titulado "A caballo" está dedicado a Don Antero Aponte, el dueño de la casa en que se hospedó durante un año, de 1916 a 1917. En esta época Palés Matos viajó por toda la Isla con su amigo Luis Muñoz Marín, recogiendo donaciones monetarias para fundar la Revista de Indias, de la que se le ofreció la dirección, la cual no aceptó.

Su amigo, el escritor puertorriqueño Tomás Blanco, escribió en un artículo en "The American Mercury" lo siguiente:

Una lista de los trabajos que Palés realizó es por sí muy iluminadora. Ha sido oficinista en un bufete en Guayama ganando $20 al mes; aprendiz de dibujante en una oficina gubernamental de riego; jefe de correos en un pueblo pequeño por tres días; maestro rural; oficinista de la Corporación Azucarera de Fajardo; editor del periódico
El Pueblo de Fajardo; secretario municipal en el mismo pueblo; secretario en San Juan, en una oficina de bienestar público; secretario de la Asociación Insular de Tahoneros; sargento de armas de la Cámara Insular de Representantes; y, por último, secretario del presidente del Senado".

La única ocupación que ejerció que estaba relacionada directamente con su vocación poética fue la de poeta en residencia en la Universidad de Puerto

Rico. Mantuvo esta posición durante la última década de su vida.

Se casó con su novia de la escuela, Natividad Suliveres, en enero de 1918 y se mudaron de Guayama a Fajardo. El 14 de noviembre de 1918 nació su primer hijo, Edgardo. La doctora Margot Arce en su antología de los poemas de Palés Matos (Volumen 1 [1984]) incluye los poemas que escribió para su esposa y para su hijo: "Versos para Natividad" y "Cuaderno del Bebé". Natividad falleció de tuberculosis en 1919. Después de la muerte de su esposa, Palés Matos se mudó a San Juan y trabajó como canciller en el Consulado de Santo Domingo con el cónsul Sócrates Nolasco. Luego trabajó para el Departamento de Salud y allí conoció a María de Lourdes Valdés Tous, de quien se enamoró locamente y para quien escribió "Versos para María". El 26 de mayo de 1930 se casaron en la iglesia del Sagrado Corazón en Santurce.

El vate guayamés amaba la actuación teatral e hizo una de sus mejores actuaciones en 1929, cuando caracterizó a Manolo el Leñero, el protagonista de la obra *El grito de Lares*, de Luis Llorens Torres. También participaba en la política y fue un gran orador, cuyos discursos, casi siempre improvisados, eran calificados en la prensa como brillantes piezas de oratoria. Durante la campaña política de 1929, viajó por toda la Isla promoviendo la independencia de Puerto Rico.

La primera edición de *Tuntún de pasa y grifería* fue publicada en San Juan en 1937 por la editorial Biblioteca de Autores Puertorriqueños de Manuel García Cabrera con prólogo de Ángel Valbuena Prat. Palés Matos obtuvo con este libro el primer premio de literatura del Instituto de Literatura Puertorriqueña. Su novela inconclusa *Litoral* fue publicada en el semanario de la Universidad de Puerto Rico y en el periódico del gobierno, *El Diario de Puerto Rico*. Continuó escribiendo poemas. En 1957 Federico de Onís publicó la primera antología de la poesía palesiana, que comprende de 1915 a 1956.

El 4 de mayo de 1948, sufrió Palés su primer infarto. Lo pudo superar y en 1950 viajó por primera vez a Nueva York animado por el rector de la Universidad de Puerto Rico, el licenciado Jaime Benítez, quien lo convenció de hacer el viaje, porque tenía un propósito cultural. Recibió innumerables diplomas y certificados de cada una de las diversas instituciones culturales y de las universidades que visitó. El Instituto Hispánico de la Universidad de Columbia le ofreció uno de los homenajes más emotivos e importantes. Ofreció conferencias, lecturas y coloquios literarios durante su estadía en Nueva York, que duró desde el 7 de agosto hasta el 2 de noviembre de 1950.

Ocho años más tarde el poeta recibió uno de los golpes espirituales más fuertes de su vida, aparte de las muertes de su primera esposa en 1919 y su hijo Edgardo en 1942: la muerte de su primera nieta, Verónica Méndez Palés, el 7 de febrero de 1958. Desde el nacimiento de esta niña Palés Matos le consagró toda su atención y pasión de abuelo primerizo. Decía a todos sus amigos, y esto lo relata la poetisa Nimia Vicéns, que había descubierto algo muy singular: que "era mucho mejor abuelo que poeta". También añadía que el ser a quien amaba más en el mundo era a su frágil y rubia nietecita. Verónica, una hermosa e inteligente niñita, nació con fibrosis quística del pulmón, enfermedad congénita e incurable.

Después de la muerte de Verónica, Luis Muñoz Marín y Antonio Colorado, sus amigos de toda la vida, casi "secuestraron" a Palés y se lo llevaron en un yate durante una semana en un viaje por diversas islas del Caribe, las islas que ya había descrito magistralmente en sus poemas del *Tuntún*, pero que no había visitado nunca.

En la madrugada del 23 de febrero de 1959, se enfermó gravemente en su hogar en la calle Dos Hermanos #265 de Santurce. Su esposa María de Lourdes y sus hijos Ana Mercedes y Guido lo llevaron en ambulancia a la Clínica Mimiya. Murió asistido por los médicos y espiritualmente por su amigo, el sacerdote y poeta español, Monseñor Juan Díaz Mesón, un poco después de las 9:00 de la mañana. Había sufrido un segundo y fatal infarto.

Antes de morir estuvo plenamente consciente y sus últimas palabras fueron: "Es mejor que me muera porque así voy a ver a Verónica nuevamente".

TUNTÚN DE PASA Y GRIFERÍA

Tésis: Hispanic Caribbean is the
         new birthplace of a new
         culture arising from the
         fusion of the European
         and African culture on
         Antillean soil → mulato
                              culture

  la fusión cultural
  ↳ Fernando Ortiz → el
      proceso de transculturación
      en Cuba

  lugar = sugar mill → el ingenio

  tiempo - rthymic - cyclical
  Music marks this beat of
  time

  Movements of body → dance
                          w/
                          production

Preludio en boricua

Tuntún de pasa y grifería
y otros parejeros tuntunes.
Bochinche de ñañiguería
donde sus cálidos betunes
funde la congada bravía.

Con cacareo de maraca
y sordo gruñido de gongo,
el telón isleño destaca
una aristocracia macaca
a base de funche y mondongo.

Al solemne papaluá haitiano
opone la rumba habanera
sus esguinces de hombro y cadera,
mientras el negrito cubano
doma la mulata cerrera.

De su bachata por las pistas
vuela Cuba, suelto el velamen,
recogiendo en el caderamen
su áureo niágara de turistas.

(Mañana serán accionistas
de cualquier ingenio cañero
y cargarán con el dinero...)

Y hacia un rincón -solar, bahía,
malecón o siembra de cañas-
bebe el negro su pena fría
alelado en la melodía
que le sale de las entrañas.

Jamaica, la gorda mandinga,
reduce su lingo a gandinga.

3

Handwritten annotations:

- introducción musical
- adj. que refiere a la cultura puertinqueña
- random → el sonido del tambor
- "refiere el cabello de persona africana
- habladurías chismes "jam session"
- gran musicalidad → como un tambor
- fea
- tipo de mono?
- Sacerdote de Haiti
- baile de cuba
- gestos bruscos
- hip
- como Martí- que imita
- ① que viene del monte - falta de inteligencia
- baile
- la industria del sexo
- la rumba/ritmo/ sexo → buscan las turistas
- muchas velas
- caderas voluminosas
- caída de agua
- las turistas (empresarios) shareholders
- de caña
- muralla que trata de contener el mar
- entrada al mar
- especie de herencia musical africana
- elevado el negro se pierde un poco
- lingo → lenguaje
- plato - tipo de comida stew

Santo Domingo se endominga
y en cívico gesto imponente
su numen heroico respinga
con cien odas al Presidente.
Con su batea de ajonjolí
y sus blancos ojos de magia
hacia el mercado viene Haití.
Las antillas barloventeras
pasan tremendas desazones,
espantándose los ciclones
con matamoscas de palmeras.

¿Y Puerto Rico? Mi isla ardiente,
para ti todo ha terminado.
En el yermo de un continente,
Puerto Rico, lúgubremente,
bala como cabro estofado.

Tuntún de pasa y grifería,
este libro que va a tus manos
con ingredientes antillanos
compuse un día...

... y en resumen, tiempo perdido,
que me acaba en aburrimiento.
Algo entrevisto o presentido,
poco realmente vivido
y mucho de embuste y de cuento.

4

jitanjáforas – Afro-cuban verbal art form
　　↳ words have a musical-
　　　phonetic function
onomatopeya – percussive – imitar los
　　　　tambores
aesthetic purpose – intention of
　　　　sounding
　　　　　African

Tronco

the
Antilles → Cuba,
　Santo Domingo,
　　Puerto Rico

la mezcla de una
estructura poética "blanca"
con humor negro,
sátira, el ritmo de los
tambores, y palabras
africanas

↓ mulato

Danza negra

Calabó y bambú.
Bambú y calabó.
El Gran Cocoroco dice: tu-cu-tú.
La Gran Cocoroca dice: to-co-tó.
Es el sol de hierro que arde en Tombuctú.
Es la danza negra de Fernando Póo.
El cerdo en el fango gruñe: pru-pru-prú.
El sapo en la charca sueña: cro-cro-cró.
Calabó y bambú.
Bambú y calabó.

Rompen los junjunes en furiosa ú.
Los gongos trepidan con profunda ó.
Es la raza negra que ondulando va
en el ritmo gordo del mariyandá.
Llegan los botucos a la fiesta ya.
Danza que te danza la negra se da.

Calabó y bambú.
Bambú y calabó.
El Gran Cocoroco dice: tu-cu-tú.
La Gran Cocoroca dice: to-co-tó.

Pasan tierras rojas, islas de betún:
Haití, Martinica, Congo, Camerún;
las papiamentosas antillas del ron
y las patualesas islas del volcán,
que en el grave son
del canto se dan.

Calabó y bambú.
Bambú y calabó.
Es el sol de hierro que arde en Tombuctú.
Es la danza negra de Fernando Póo.

7

El alma africana que vibrando está
en el ritmo gordo del mariyandá.

Calabó y bambú.
Bambú y calabó.
El Gran Cocoroco dice: tu-cu-tú.
La Gran Cocoroca dice: to-co-tó.

Numen

un deidad de la mitología
inspiración → un símbolo

Jungla africana -Tembandumba.
Manigua haitiana - Macandal.

bosque tropical

caudillo Haitiano

Al bravo ritmo del candombe
despierta el tótem ancestral:
pantera, antílope, elefante,
sierpe, hipopótamo, caimán.
En el silencio de la selva
bate el tambor sacramental,
y el negro baila poseído
de la gran bestia original.

baile y fiesta

ancestro remoto

panther serpent

Jungla africana -Tembandumba.
Manigua haitiana -Macandal.

gran reina de África

Toda en atizo de fogatas,
bruja cazuela tropical,
cuece la noche mayombera
el negro embó de Obatalá.
Cuajos de sombra se derriten
sobre la llama roja y dan
en grillo y rana su sofrito
de ardida fauna nocturnal.

para guisar

secta de brujería cubana
hechizo → fingido

insecto

condimento para
↳ de los animales guisar

Jungla africana -Tembandumba.
Manigua haitiana -Macandal.

Es la Nigricia. Baila el negro.
Baila el negro en la soledad.
Atravesando inmensidades
sobre el candombe su alma va
al limbo oscuro donde impera
la negra fórmula esencial.
Dale su fuerza el hipopótamo,
coraza bríndale el caimán,

baile muy ritmo de origen Africano

de la Biblia

protección

reptil

9

le da sigilo la serpiente,
el antílope agilidad,
y el elefante poderoso
rompiendo selvas al pasar,
le abre camino hacia el profundo
y eterno numen ancestral.

Jungla africana -Tembandumba.
Manigua haitiana -Macandal.

Ñam-Ñam

Ñam-Ñam. En la carne blanca
los dientes negros -ñam-ñam.
Las tijeras de las bocas
sobre los muslos -ñam-ñam.
Van y vienen las quijadas
con sordo ritmo -ñam-ñam.
La feroz noche deglute
bosques y junglas -ñam-ñam.

Ñam-ñam. África mastica
en el silencio -ñam-ñam,
su cena de exploradores
y misioneros -ñam-ñam.
Quien penetró en Tangañica
por vez primera -ñam-ñam;
quien llegó hasta Tembandumba
la gran matriarca -ñam-ñam.

Nam-ñam. Los fetiches abren
sus bocas negras -ñam-ñam.
En las pupilas del brujo
un solo fulgor -ñam-ñam.
La sangre del sacrificio
embriaga al tótem -ñam-ñam,
y Nigricia es toda dientes
en la tiniebla -ñam-ñam.

Asia sueña su nirvana.
América baila el jazz.
Europa juega y teoriza.
África gruñe: ñam-ñam.

Candombe

Los negros bailan, bailan, bailan,
ante la fogata encendida.
Tum-cutum, tum-cutum,
ante la fogata encendida.

Bajo el cocal, junto al oleaje,
dientes feroces de lascivia,
cuerpos de fango y de melaza,
senos colgantes, vaho de axilas,
y ojos de brillos tenebrosos
que el gongo profundo encandila.
Bailan los negros en la noche
ante la fogata encendida.
Tum-cutum, tum-cutum,
ante la fogata encendida.

¿Quién es el cacique más fuerte?
¿Cuál es la doncella más fina?
¿Dónde duerme el caimán más fiero?
¿Qué hechizo ha matado a Babissa?
Bailan los negros sudorosos
ante la fogata encendida.
Tum-cutum, tum-cutum,
en la soledad de la isla.

La luna es tortuga de plata
nadando en la noche tranquila.
¿Cuál será el pescador osado
que a su red la traiga prendida:
Sokola, Babiro, Bombassa,
Yombofré, Bulón o Babissa?
Tum-cutum, tum-cutum,
ante la fogata encendida.

Mirad la luna, el pez de plata,
la vieja tortuga maligna

echando al agua de la noche
su jugo que aduerme y hechiza...
Coged la luna, coged la luna,
traedla a un anzuelo prendida.
Bailan los negros en la noche
ante la fogata encendida.
Tum-cutum, tum-cutum,
ante la fogata encendida.

Tenemos el diente del dingo,
Gran Abuelo del Gran Babissa;
tenemos el diente del dingo
y una uña de lagartija...
contra todo mal ellos pueden,
de todo mal nos inmunizan.
Tenemos el diente del dingo
y una uña de lagartija.
Tum-cutum, tum-cutum,
ante la fogata encendida.

Manasa, Cumbalo, Bilongo,
pescad esa luna podrida
que nos envenena la noche
con su hedionda luz amarilla.
Pescad la luna, pescad la luna,
el monstruo pálido que hechiza
nuestra caza y nuestras mujeres
en la soledad de la isla.
Tum-cutum, tum-cutum,
ante la fogata encendida.

Negros bravos de los palmares,
venid, que os espera Babissa,
El Gran Rey del Caimán y el Coco,
ante la fogata encendida.
Tum-cutum, tum-cutum,
ante la fogata encendida.

Lamento

Sombra blanca en el baquiné
tiene changó, tiene vodú.
Cuando pasa por el hembé
daña el quimbombó, daña el calalú.

Al jueguito va su zombí
derribando el senseribó,
y no puede el carabalí
ñañiguear ante Ecué y Changó...
¡Oh, papá Abasí!
¡Oh, papá Bocó!

En la macumba siempre está;
en el candombe se la ve,
y cuando a la calenda va
contra su ñeque no puede na
ni el infundio del Chitomé
ni el muñanga del Papaluá.

Sombra blanca que el negro ve
sin aviso del Gran jujú,
dondequiera que pone el pie
suelta el mana de su fufú.

Hombre negro triste se ve
desde Habana hasta Zimbambué,
desde Angola hasta Kanembú
hombre negro triste se ve...
Ya no baila su tu-cu-tú,
al -adombe gangá mondé-.

Bombo

La bomba dice: -¡Tombuctú!
Cruzan las sombras ante el fuego.
Arde la pata de hipopótamo
en el balele de los negros.
Sobre la danza Bombo rueda
su ojo amarillo y soñoliento,
y el bembe de ídolo africano
le cae de cuajo sobre el pecho.
¡Bombo del Congo, mongo máximo,
Bombo del Congo está contento!

Allá en la jungla de mandinga
-Baobab, calaba y cocotero-
bajo el conjuro de los brujos
brota el terrible tótem negro,
mitad caimán y mitad sapo,
mitad gorila y mitad cerdo.
¡Bombo del Congo, mongo máximo,
Bombo del Congo está contento!

Él es el numen fabuloso
cuyo poder no tiene término.
A su redor traza Nigricia
danzantes círculos guerreros.
Mongos, botucos y alimamis
ante Él se doblan en silencio,
y hasta el jú-jú de las cavernas
en tenebrosas magias diestro,
tiembla de miedo ante sus untos
cuando su voz truena en el trueno.
¡Bombo del Congo, mongo máximo,
Bombo del Congo está contento!

¡Feliz quien bebe del pantano
donde Él sumerge su trasero!

Contra ése nada podrá el llanto
engañoso del caimán negro.
Bajo su maza formidable
todo rival caerá deshecho;
podrá dormirse en pleno bosque
a todo ruin cuidado ajeno,
y el hipopótamo y la luna
respetarán su grave sueño.
¡Bombo del Congo, mongo máximo,
Bombo del Congo está contento!

Venid, hermanos, al balele.
Bailad la danza del dios negro
alrededor de la fogata
donde arde el blanco prisionero.
Que la doncella más hermosa
rasgue su carne y abra el sexo,
para que pase, fecundándola,
el más viril de los guerreros.

Venid, hermanos, al balele.
La selva entera está rugiendo.
Esta es la noche de mandinga
donde se forma un mundo nuevo.
Duerme el caimán, duerme la luna,
todo enemigo está durmiendo...
Somos los reyes de la tierra
que a Bombo, el dios, sólo tememos.

Venid, hermanos, al balele.
Crucen las sombras ante el fuego,
arda la pata de hipopótamo,
resuene el gongo en el silencio...
¡Bombo del Congo, mongo máximo,
Bombo del Congo está contento!

Rama

Pueblo negro

Esta noche me obsede la remota
visión de un pueblo negro...
-Mussumba, Tombuctú, Farafangana-
es un pueblo de sueño,
tumbado allá en mis brumas interiores
a la sombra de claros cocoteros.

La luz rabiosa cae
en duros ocres sobre el campo extenso.
Humean, rojas de calor, las piedras,
y la humedad del árbol corpulento
evapora frescuras vegetales
en el agrio crisol del clima seco.

Pereza y laxitud. Los aguazales
cuajan un vaho amoniacal y denso.
El compacto hipopótamo se hunde
en su caldo de lodo suculento,
y el elefante de marfil y grasa
rumia bajo el baobab su vago sueño.

Allá entre las palmeras
está tendido el pueblo...
-Mussumba, Tombuctú, Farafangana-
Caserío irreal de paz y sueño.

Alguien disuelve perezosamente
un canto monorrítmico en el viento,
pululado de úes que se aquietan
en balsas de diptongos soñolientos,
y de guturaciones alargadas
que dan un don de lejanía al verso.

Es la negra que canta
su sobria vida de animal doméstico;

la negra de las zonas soleadas
que huele a tierra, a salvajina, a sexo.
Es la negra que canta,
y su canto sensual se va extendiendo
como una clara atmósfera de dicha
bajo la sombra de los cocoteros.

Al rumor de su canto
todo se va extinguiendo,
y sólo queda en mi alma
la ú profunda del diptongo fiero,
en cuya curva maternal se esconde
la armonía prolífica del sexo.

Majestad negra

Por la encendida calle antillana
va Tembandumba de la Quimbamba
-rumba, macumba, candombe, bámbula-
entre dos filas de negras caras.
Ante ella un congo -gongo y maraca-
ritma una conga bomba que bamba.

Culipandeando la Reina avanza,
y de su inmensa grupa resbalan
meneos cachondos que el gongo cuaja
en ríos de azúcar y de melaza.
Prieto trapiche de sensual zafra,
el caderamen, masa con masa,
exprime ritmos, suda que sangra,
y la molienda culmina en danza.

Por la encendida calle antillana
va Tembandumba de la Quimbamba.
Flor de Tortola, rosa de Uganda,
por ti crepitan bombas y bámbulas;
por ti en calendas desenfrenadas
quema la Antilla su sangre ñáñiga.
Haití te ofrece sus calabazas;
fogosos rones te da Jamaica;
Cuba te dice: ¡dale, mulata!
Y Puerto Rico: ¡melao, melamba!

¡Sús, mis cocolos de negras caras!
Tronad, tambores; vibrad, maracas.
Por la encendida calle antillana
-rumba, macumba, candombe, bámbula-
va Tembamdumba de la Quimbamba.

Kalahari

¿Por qué ahora la palabra Kalahari?

El día es hermoso y claro. En la luz bailotean
con ágil gracia, seres luminosos y alegres:
el pájaro, la brizna de hierba, las cantáridas,
y las moscas que en vuelo redondo y embriagado
rebotan contra el limpio cristal de mi ventana.
A veces una nube blanca lo llena todo
con su mole rolliza, hinchada, bombonosa,
y en despliegue adiposo de infladura
es como un imponente pavo real del cielo.

¿Por qué ahora la palabra Kalahari?

Anoche estuve de francachela con los amigos,
y derivamos hacia un lupanar absurdo
allá por el sombrío distrito de los muelles...
El agua tenebrosa ponía un vaho crudo
de marisco, y el viento ondulaba premioso
a través de los tufos peculiares del puerto.
En el burdel reían estrepitosamente
las mujeres de bocas pintadas... Sin embargo,
una, inmóvil, callaba; callaba sonreída,
y se dejaba hacer sonreída y callada.
Estaba ebria. Las cosas sucedían distantes.
Recuerdo que alguien dijo -Camella, un trago,
un trago.

¿Por qué ahora la palabra Kalahari?

Esta mañana, hojeando un magazín de cromos,
ante un perrillo de aguas con cinta roja al cuello,
estuve largo tiempo observando, observando...
No sé por qué mi pensamiento a la deriva
fondeó en una bahía de claros cocoteros,

con monos, centenares de monos que trenzaban
una desordenada cadena de cabriolas.

¿Por qué ahora la palabra Kalahari?

Ha surgido de pronto, inexplicablemente...
¡Kalahari! ¡Kalahari! ¡Kalahari!
¿De dónde habrá surgido esta palabra
escondida como un insecto en mi memoria;
picada como una mariposa diseca
en la caja de coleópteros de mi memoria,
y ahora viva, insistiendo, revoloteando ciega
contra la luz ofuscadora del recuerdo?
¡Kalahari! ¡Kalahari! ¡Kalahari!

¿Por qué ahora la palabra Kalahari?

Canción festiva para ser llorada

Cuba -ñáñigo y bachata-
Haití -vodú y calabaza-
Puerto Rico -burundanga-

Martinica y Guadalupe
me van poniendo la casa.
Martinica en la cocina
y Guadalupe en la sala.
Martinica hace la sopa
y Guadalupe la cama.
Buen calalú, Martinica,
que Guadalupe me aguarda.

¿En qué lorito aprendiste
ese patuá de melaza,
Guadalupe de mis trópicos,
mi suculenta tinaja?
A la francesa, resbalo
sobre tu carne mulata,
que a falta de pan, tu torta
es prieta gloria antillana.
He de traerte de Haití
un cónsul de aristocracia:
Conde del Aro en la Oreja,
Duque de la Mermelada.

Para cuidarme el jardín
con Santo Domingo basta.
Su perenne do de pecho
pone intrusos a distancia.
Su agrio gesto de primate
en lira azul azucara,
cuando borda madrigales
con dedos de butifarra.

Cuba -ñáñigo y bachata-
Haití -vodú y calabaza-

Puerto Rico -burundanga-

Las antillitas menores,
titís inocentes, bailan
sobre el ovillo de un viento
que el ancho golfo huracana.

Aquí está San Kitts el nene,
el bobo de la comarca.
Pescando tiernos ciclones
entretiene su ignorancia.
Los purga con sal de fruta,
los ceba con cocos de agua,
y adultos ya, los remite,
C.O.D. a sus hermanas,
para que se desayunen
con tormenta rebozada.

Aquí está Santo Tomé,
de malagueta y malanga
cargado el burro que el cielo
de Su Santidad demanda...
(Su Santidad, Babbitt Máximo,
con sello y marca de fábrica.)
De su grave teología
Lutero hizo una fogata,
y alrededor, biblia en mano,
los negros tórtolos bailan
cantando salmos oscuros
a Bombo, mongo de África.

¡Hola, viejo Curazao!
Ya yo te he visto la cara.
Tu bravo puño de hierro
me ha quemado la garganta.
Por el mundo, embotellado,
vas del brazo de Jamaica,
soltando tu áspero tufo
de azúcares fermentadas.

Cuba -ñáñigo y bachata-
Haití -vodú y calabaza-
Puerto Rico -burundanga-

Mira que te coge el ñáñigo,
niña, no salgas de casa.
Mira que te coge el ñáñigo
del jueguito de La Habana.

Con tu carne hará gandinga,
con tu seso mermelada;
ñáñigo carabalí
de la manigua cubana.

Me voy al titiringó
de la calle de la prángana.
Ya verás el huele-huele
que enciendo tras de mi saya,
cuando resude canela
sobre la rumba de llamas;
que a mí no me arredra el ñáñigo
del jueguito de La Habana.

Macandal bate su gongo
en la torva noche haitiana.
Dentaduras de marfil
en la tiniebla resaltan.
Por los árboles se cuelan
ariscas formas extrañas,
y Haití, fiero y enigmático,
hierve como una amenaza.

Es el vodú. La tremenda
hora del zombí y la rana.
Sobre los cañaverales
los espíritus trabajan.
Ogún Badagrí en la sombra
afila su negra daga...
-Mañana tendrá el amito

la mejor de las corbatas-
Dessalines grita: ¡Sangre!
L'Overture ruge: ¡Venganza!
mientras remoto, escondido,
por la profunda maraña,
Macandal bate su gongo
en la torva noche haitiana.

Cuba -ñáñigo y bachata-
Haití -vodú y calabaza-
Puerto Rico -burundanga-

Antilla, vaho pastoso
de templa recién cuajada.
Trajín de ingenio cañero.
Baño turco de melaza.
Aristocracia de dril
donde la vida resbala
sobre frases de natilla
y suculentas metáforas.
Estilización de costa
a cargo de entecas palmas.
Idioma blando y chorreoso
-mamey, cacao, guanábana-.
En negrito y cocotero
Babbitt turista te atrapa;
Tartarín sensual te sueña
en tu loro y tu mulata;
sólo a veces Don Quijote,
por chiflado y musaraña,
de tu maritornería
construye una dulcineada.

Cuba -ñáñigo y bachata-
Haití -vodú y calabaza-
Puerto Rico -burundanga-

Ñáñigo al cielo

El ñáñigo sube al cielo.
El cielo se ha decorado
de melón y calabaza
para la entrada del ñáñigo.
Los arcángeles, vestidos
con verdes hojas de plátano,
lucen coronas de anana
y espadones de malango.
La gloria del Padre Eterno
rompe en triunfal taponazo,
y espuma de serafines
se riega por los espacios.
El ñáñigo va rompiendo
tiernas oleadas de blanco,
en su ascensión milagrosa
al dulce mundo seráfico.
Sobre el cerdo y el caimán
Jehová, el potente, ha triunfado...
¡Gloria a Dios en las alturas
que nos trae por fin al ñáñigo!

Fiesta del cielo. Dulzura
de merengues y caratos,
mermelada de oraciones,
honesta horchata de salmos.
Con dedos de bronce y oro,
las trompas de los heraldos
por los balcones del cielo
cuelgan racimos de cantos.
Para aclararse la voz,
los querubes sonrosados
del egregio coro apuran
huevos de Espíritu Santo.
El buen humor celestial
hace alegre despilfarro

de chistes de muselina,
en palabras que ha lavado
de todo tizne terreno
el celo azul de los santos.

El ñáñigo asciende por
la escalinata de mármol
con meneo contagioso
de caderas y omoplatos.
-Las órdenes celestiales
le acogen culipandeando-.

Hete aquí las blancas órdenes
del ceremonial hierático:
la Orden del Golpe de Pecho,
la Orden del Ojo Extasiado,
la que preside San Memo,
la Real Orden de San Mamo,
las parsimoniosas órdenes
del Arrojo Sacrosanto
que con matraca y rabel
barren el cielo de diablos.

En loa del alma nueva
que el Empíreo ha conquistado,
ondula el cielo en escuadras
de doctores y de santos.
Con arrobos maternales,
a que contemplen el ñáñigo
las castas once mil vírgenes
traen a los niños nonatos.
Las Altas Cancillerías
despliegan sus diplomáticos,
y se ven, en el desfile,
con eximio goce extático
y clueca sananería
de capones gallipavos.

De pronto Jehová conmueve
de una patada el espacio.
Rueda el trueno y quedan solos
frente a frente, Dios y el ñáñigo.
-En la diestra del Señor,
agrio foete, fulge el rayo-.

(Palabra de Dios, no es música
transportable a ritmo humano.
Lo que Jehová preguntara,
lo que respondiera el ñáñigo,
pide un más noble instrumento
y exige un atril más alto.
Ataquen, pues, los exégetas
el tronco de tal milagro,
y quédese mi romance
por las ramas picoteando.
Pero donde el pico es corto,
vista y olfato van largos,
y mientras aquélla mira
a Dios y al negro abrazados,
éste percibe un mareante
tufo de ron antillano,
que envuelve las dos figuras
protagonistas del cuadro,
y da tonos de cumbancha
al festival del espacio.)

¿Por qué va aprisa San Memo?
¿Por qué está alegre San Mamo?
¿Por qué las once mil vírgenes
sobre los varones castos
echan con grave descoco,
la carga de los nonatos?
¿Quién enciende en las alturas
tal borococo antillano,
que en oleadas de bochinche
estremece los espacios?

¿Cúya es esa gran figura
que va dando barquinazos,
con su rezongo de truenos
y su orla azul de relámpagos?

Ha entrado un alma en el cielo
¡y ésa es el alma del ñáñigo!

Falsa canción de Baquiné

¡Ohé, nené!
¡Ohé, nené!
Adombe ganga mondé,
adombe.
Candombe del baquiné,
candombe.

Vedlo aquí dormido,
Ju-jú.
Todo está dormido,
Ju-jú.
¿Quién lo habrá dormido?
Ju-jú.
Babilongo ha sido,
Ju-jú.
Ya no tiene oído,
Ju-jú.
Ya no tiene oído...

Pero que ahora verá la playa.
Pero que ahora verá el palmar.
Pero que ahora ante el fuego grande
con Tembandumba podrá bailar.

Y a la Guinea su zombí vuelva...
—Coquí, cocó, cucú, cacá—
Bombo el gran mongo bajo la selva
su tierno paso conducirá.
Ni sombra blanca sobre la hierba
ni brujo negro lo estorbará.
Bombo el gran mongo bajo la selva
su tierno paso conducirá.
Contra el hechizo de mala hembra
cocomacaco duro tendrá.
Bombo el gran mongo bajo la selva

su tierno paso conducirá.
-Coquí, cocó, cucú, cacá-

Para librarle de asechanza
colgadle un rabo de alacrán.
Será invencible en guerra y danza
si bebe orines de caimán.

En la manteca de serpiente
magia hallará su corazón.
Conseguirá mujer ardiente
con cagarruta de cabrón.

A papá Ogún va nuestra ofrenda,
para que su arrojo le dé
al son del gongo en la calenda
con que cerramos el baquiné.

Papá Ogún, dios de la guerra,
que tiene botas con betún
y cuando anda tiembla la tierra...
Papá Ogún ¡ay! papá Ogún.

Papá Ogún, mongo implacable,
que resplandece en el vodú
con sus espuelas y su sable...
Papá Ogún ¡ay! papá Ogún.

Papá Ogún, quiere mi niño,
ser un guerrero como tú;
dale gracia, dale cariño...
Papá Ogún ¡ay! papá Ogún.

Ahora comamos carne blanca
con la licencia de su mercé.
Ahora comamos carne blanca...

¡Ohé, nené!
¡Ohé, nené!
Adombe gangá mondé,
adombe.
Candombe del baquiné,
¡candombe!

Flor

Elegía del Duque de la Mermelada

¡Oh mi fino, mi melado Duque de la Mermelada!
¿Dónde están tus caimanes en el lejano aduar del Pongo,
y la sombra azul y redonda de tus baobabs africanos,
y tus quince mujeres olorosas a selva y a fango?

Ya no comerás el suculento asado de niño,
ni el mono familiar, a la siesta, te matará los piojos,
ni tu ojo dulce rastreará el paso de la jirafa afeminada
a través del silencio plano y caliente de las sabanas.

Se acabaron tus noches con su suelta cabellera de fogatas
y su gotear soñoliento y perenne de tamboriles,
en cuyo fondo te ibas hundiendo como en un lodo tibio
hasta llegar a las márgenes últimas de tu gran bisabuelo.

Ahora, en el molde vistoso de tu casaca francesa,
pasas azucarado de saludos como un cortesano cualquiera,
a despecho de tus pies que desde sus botas ducales
te gritan: -Babilongo, súbete por las cornisas del palacio.

¡Qué gentil va mi Duque con la Madama de Cafolé,
todo afelpado y pulcro en la onda azul de los violines,
conteniendo las manos que desde sus guantes de aristócrata
le gritan: -Babilongo, derríbala sobre ese canapé de rosa!

Desde las márgenes últimas de tu gran bisabuelo,
a través del silencio plano y caliente de las sabanas,
¿por qué lloran tus caimanes en el lejano aduar del Pongo,
¡oh mi fino, mi melado Duque de la Mermelada!?

Lagarto verde

El Condesito de la Limonada,
juguetón, pequeñín... Una monada
rodando, pequeñín y juguetón,
por los salones de Cristobalón.
Su alegre rostro de tití
a todos dice: - Sí.
-Sí, Madame Cafolé, Monsieur Haití,
por allí, por aquí.

Mientras los aristócratas macacos
pasan armados de cocomacacos
solemnemente negros de nobleza,
el Conde, pequeñín y juguetón,
es un fluído de delicadeza
que llena de finuras el salón.

-Sí, Madame Cafolé, Monsieur Haití,
por allí, por aquí.
Vedle en el rigodón,
miradle en el minué...
Nadie en la Corte de Cristobalón
lleva con tanta gracia el casacón
ni con tanto donaire mueve el pie.
Su fórmula social es: ¡oh, pardón!
Su palabra elegante: ¡volupté!

¡Ah, pero ante Su Alteza
jamás oséis decir lagarto verde,
pues perdiendo al instante la cabeza
todo el fino aristócrata se pierde!

Y allá va el Conde de la Limonada,
con la roja casaca alborotada
y la fiera quijada
rígida en epiléptica tensión...
Allá va, entre grotescos ademanes,
multiplicando los orangutanes
en los espejos de Cristobalón.

Ten con ten

Estás, en pirata y negro,
mi isla verde estilizada,
el negro te da la sombra,
te da la línea el pirata.
Tambor y arcabuz a un tiempo
tu morena gloria exaltan,
con rojas flores de pólvora
y bravos ritmos de bámbula.

Cuando el huracán desdobla
su fiero acordeón de ráfagas,
en la punta de los pies
-ágil bayadera- danzas
sobre la alfombra del
mar con fina pierna de palmas.

Podrías ir de mantilla,
si tu ardiente sangre ñáñiga
no trocara por madrás
la leve espuma de España.

Podrías lucir, esbelta,
sobriedad de línea clásica,
si tu sol, a fuerza de oro,
no madurase tus ánforas
dilatando sus contornos
en amplitud de tinaja.

Pasarías ante el mundo
por civil y ciudadana,
si tu axila -flor de sombra-
no difundiera en las plazas
el rugiente cebollín
que sofríen tus entrañas.

Y así estás, mi verde antilla,
en un sí es que no es de raza,
en ten con ten de abolengo
que te hace tan antillana...
Al ritmo de los tambores
tu lindo ten con ten bailas
una mitad española
y otra mitad africana.

El gallo

Un botonazo de luz,
luz amarilla, luz roja.
En la contienda, disparo
de plumas luminosas.
Energía engalanada
de la cresta a la cola
-ámbar, oro, terciopelo-
lujo que se deshoja
con heroico silencio
en la gallera estentóreo.
Rueda de luz trazada
ante la clueca remolona,
la capa del ala abierta
y tendida en ronda...

Gallo, gallo del trópico.
Pico que destila auroras.
Relámpago congelado.
Paleta luminosa.
¡Ron de plumas que bebe
la Antilla brava y tórrida!

Intermedios del hombre blanco

Islas

Las tierras del patois y el papiamento.
Acordeón con sordina de palmeras.
Azul profundidad de mar y cielo,
donde las islas quedan más aisladas.

Acordeón en la tarde.
Fluir perenne en soledad sin cauce.
Horizontal disolución de ideas,
en la melaza de los cantos negros.

Emoción de vacío,
con el trapiche abandonado al fondo,
y el cocolo bogando en su cachimbo
quién sabe hacia qué vago fondeadero.

Y en la terraza del hotel sin nombre,
algún aislado capacete blanco,
alelado de isla
bajo el puño de hierro de los rones.

Tambores

La noche es un criadero de tambores
que croan en la selva,
con sus roncas gargantas de pellejo
cuando alguna fogata los despierta.

En el lodo compacto de la sombra
parpadeado de ojillos de luciérnagas,
esos ventrudos bichos musicales
con sus patas de ritmo chapotean.

Con soñoliento gesto de batracios
alzan pesadamente la cabeza,
dando al cálido viento la pringosa
gracia de su energía tuntuneca.

Los oye el hombre blanco
perdido allá en las selvas...
Es un tuntún asiduo que se vierte
imponderable por la noche inmensa.

A su conjuro hierven
las oscuras potencias:
fetiches de la danza,
tótemes de la guerra,
y los mil y un demonios que pululan
por el cielo sensual del alma negra.

¡Ahí vienen los tambores!
Ten cuidado, hombre blanco, que a ti llegan
para clavarte su aguijón de música.
Tápate las orejas,
cierra toda abertura de tu alma
y el instinto dispón a la defensa;
que si en la torva noche de Nigricia
te picara un tambor de danza o guerra,
su terrible ponzoña
correrá para siempre por tus venas.

Placeres

El pabellón francés entra en el puerto,
abrid vuestros prostíbulos, rameras.
La bandera británica ha llegado,
limpiad de vagos las tabernas.
El oriflama yanki...
preparad el negrito y la palmera.

Puta, ron, negro. Delicia
de las tres grandes potencias
en la Antilla.

Ron

Los negros con antorchas encendidas
bailando en ti.
Las negras –grandes bocas de sandía–
riendo en ti.
Los mil gallos de Kingston, a la aurora,
cantando en ti.
–¡Eh, timonel, proa a tierra:
estamos en Jamaica!

Lepromonida

Lepromonida es reina de vastas tribus rojas.
Sobre una calavera tiende la mano rígida.
¡Tened, oh capitanes del agua y de la tierra,
tened un grande y largo miedo a Lepromonida!

Lepromonida vive rodeada de silencio.
Sobre su trono negro un búho gris habita,
y una enorme serpiente luminosa se alarga
en sigilo, a los blancos pies de Lepromonida.

Lepromonida, araña de la sombra, profunda
araña de los sueños y de las pesadillas...
-Incendios, pestes, gritos, narcóticos azules,
venenos, horcas, fetos, muertes: ¡Lepromonida!-

Reina oscura. Un humor lunar y envenenado
circula por sus venas como una extraña linfa.
¡Tened, oh capitanes del agua y de la tierra,
tened un grande y largo miedo a Lepromonida!

Mulata-antilla

1

En ti ahora, mulata,
me acojo al tibio mar de las Antillas.
Agua sensual y lenta de melaza,
puerto de azúcar, cálida bahía,
con la luz en reposo
dorando la onda limpia,
y el soñoliento zumbo de colmena
que cuajan los trajines de la orilla.

En ti ahora, mulata,
cruzo el mar de las islas.
Eléctricos mininos de ciclones
en tus curvas se alargan y se ovillan,
mientras sobre mi barca va cayendo
la noche de tus ojos, pensativa.

En ti ahora, mulata...
¡oh despertar glorioso en las Antillas!
Bravo color que el do de pecho alcanza,
música al rojo vivo de alegría,
y calientes cantáridas de aroma
-limón, tabaco, piña-
zumbando a los sentidos
sus embriagadas voces de delicia.

Eres ahora, mulata,
todo el mar y la tierra de mis islas.
Sinfonía frutal cuyas escalas
rompen furiosamente en tu catinga.
He aquí en su verde traje la guanábana
con sus finas y blandas pantaletas
de muselina; he aquí el caimito
con su leche infantil; he aquí la piña

con su corona de soprano... Todos
los frutos ¡oh mulata! tú me brindas,
en la clara bahía de tu cuerpo
por los soles del trópico bruñida.

Imperio tuyo, el plátano y el coco,
que apuntan su dorada artillería
al barco transeúnte que nos deja
su rubio contrabando de turistas.
En potro de huracán pasas cantando
tu criolla canción, prieta walkiria,
con centelleante espuela de relámpagos
rumbo al verde Walhalla de las islas.

Eres inmensidad libre y sin límites,
eres amor sin trabas y sin prisas;
en tu vientre conjugan mis dos razas
sus vitales potencias expansivas.
Amor, tórrido amor de la mulata,
gallo de ron, azúcar derretida,
tabonuco que el tuétano te abrasa
con aromas de sándalo y de mirra.
Con voces del Cantar de los Cantares,
eres morena porque el sol te mira.
Debajo de tu lengua hay miel y leche
y ungüento derramado en tus pupilas.
Como la torre de David, tu cuello,
y tus pechos gemelas cervatillas.
Flor de Sarón y lirio de los valles,
yegua de Faraón, ¡oh Sulamita!

Cuba, Santo Domingo, Puerto Rico,
fogosas y sensuales tierras mías.
¡Oh los rones calientes de Jamaica!
¡Oh fiero calalú de Martinica!
¡Oh noche fermentada de tambores
del Haití impenetrable y voduísta!
Dominica, Tortola, Guadalupe,

¡Antillas, mis Antillas!
Sobre el mar de Colón, aupadas todas,
sobre el Caribe mar, todas unidas,
soñando y padeciendo y forcejeando
contra pestes, ciclones y codicias,
y muriéndose un poco por la noche,
y otra vez a la aurora, redivivas,
porque eres tú, mulata de los trópicos,
la libertad cantando en mis Antillas.

Nuevos poemas

Menú

Mi restorán abierto en el camino
para ti, trashumante peregrino.
Comida limpia y varia
sin truco de espaciosa culinaria.

Hete aquí este paisaje digestivo
recién pescado en linfas antillanas:
rabo de costa en caldo de mar vivo,
con pimienta de luz y miel de ananas.

Si la inocua legumbre puritana
tu sobrio gusto siente,
y a su térreo sabor híncale el diente
tu simple propensión vegetariana,
aquí está este racimo de bohíos
que a hombro de monte acogedor reposa
-monte con barba jíbara de ríos,
de camarón y guábara piojosa-
sobre cuyas techumbres cae, espesa,
yema de sol batida en mayonesa.

Tengo, para los gustos ultrafinos,
platos que son la gloria de la mesa...
aquí están unos pinos,
pinos a la francesa
en verleniana salsa de crepúsculo.
(El chef Rubén, cuyos soberbios flanes
delicia son de líricos gurmanes,
les dedicó un opúsculo.)

Si a lo francés prefieres lo criollo,
y tu apetencia, con loable intento,
pírrase por ajiaco y ajopollo
y sopón de embrujado condimento,
toma este calalú maravilloso
con que la noche tropical aduna
su maíz estrellado y luminoso,

y el diente de ajo de su media luna
en divino potaje sustancioso.

(Sopa de Martinica, caldo fiero
que el volcán Mont Pelée cuece y engorda;
los huracanes soplan el brasero,
y el caldo hierve, y sube, y se desborda,
en rebullente espuma de luceros.)

Mas si en la gama vegetal persiste
tu aleccionado instinto pacifista,
con el vate de Asís, alado y triste,
y Gandhi, el comeyerbas teosofista,
tengo setas de nubes remojadas
en su entrañable exudación de orvallo,
grandes setas cargadas
con vitamina eléctrica de rayo,
que dan a quien su tónico acumula
la elemental potencia de la mula.

La casa luce habilidad maestra
creando inusitadas maravillas
de cosas naturales y sencillas,
para la lengua culturada y diestra.
Aquí te va una muestra:
palmeras al ciclón de las Antillas,
cañaveral horneado a fuego lento,
soufflé de platanales sobre el viento,
piñón de flamboyanes en su tinta,
o merienda playera
de uveros y manglares en salmuera,
para dejar la gula regulada
al propio Saladín de la Ensalada.

Mi restorán te brinda sus servicios.
Arrímate a la mesa, pasajero,
come hasta hartar y séante propicios
los dioses de la Uva y el Puchero.

Aires bucaneros

A Jaime Benítez

Para el bucanero carne bucanada,
el largo mosquete de pólvora negra,
la roja camisa, la rústica abarca
y el tórrido ponche de ron con pimienta.

I

¡Ay, batatales de la Tortuga,
cacao en jícara de Nueva Reyna!
¡Huy, los caimanes de Maracaibo,
vómito prieto de Cartagena!

¡Ay, naranjales de La Española,
cazabe tierno de Venezuela!
¡Huy, tiburones de Portobelo,
berbén violáceo de la Cruz Vera!

II

Al bucanero densos perfumes,
el crudo aroma, la brava especia:
las bergamotas y los jengibres,
los azafranes y las canelas.

¡Ay, blando chumbo de la criolla,
de la mulata tibia mameya!
¡Huy, la guanábana cimarrona
que abre su bruja flor en la negra!

¡Ay, duros ojos de la cautiva
que al bucanero locura llevan;
ojos que en su alma ya desataron
el zas fulmíneo de la centella!

Mejor el ponche de moscabada,
mejor la pipa que al viento humea,
mejor el largo fusil de chispa,
mejor el torvo mastín de presa.

III

Al bucanero la res salvaje:
toro montuno, vaca mañera.
Las hecatombes en la manigua
al fulgor vivo de las hogueras.

¡Ay, el ternero desjarretado
que se asa al humo de fronda tierna!
Boucán en lonja para el almuerzo,
Toute chaude de tuétano para la cena.

¡Huy, fiera caña de las Antillas
que en viejo roble su diablo acendra,
y en las entrañas del bucanero,
agua de infierno, ruge violenta!

IV

Al bucanero las tierras vírgenes,
el agua indómita, la mar inédita;
los horizontes en donde aúlla
la agria jauría de la tormenta.

¡Ay, las maniguas paticerradas,
jaguar taimado, víbora artera!
¡Huy, tremedales de falso adorno,
árbol carnívoro, liana tremenda!

¡Ay, letal sombra del manzanillo,
roja calina de las praderas,
miasma envolvente de los manglares,
jején palúdico de las ciénagas!

Y en el delirio febricitante
voces fantasmas cruzan la selva...
¡Camalofote del camalote,
Bucaramángara la bucanera!

V

Al bucanero curvo machete,
puñal certero, pistola alerta;
ánima firme para el asalto
cuando columbra la esquiva presa.

¡Ay, galeón pavo que infla en el viento
su linajudo plumón de velas,
y, tenso el moco del contrafoque
-señor del agua- se pavonea!

Síguelo el lugre filibustero
en ominosas bordadas fieras:
gallo encastado del Mar Caribe,
el cuello al rape, limpia la espuela...

Y en la pelmele del abordaje
que funde el rezo con la blasfemia,
desmocha al pavo galeón del Golfo
la rubia traba filibustera.

VI

Por el camino de Tierra Firme
campanilleando viene la recua.
Cincuenta mulas venezolanas
traen el tesoro de las Américas.

(Polvos auríferos de la montaña,
finas vicuñas de la meseta,
tórridas mieles de la llanura,
resinas mágicas de la selva.)

Bosques y ríos, mares y montes,
sobre las mulas su carga vuelcan...
Oro idolátrico del Grande Inca,
plata litúrgico del Noble Azteca.

La guardia altiva de los virreyes
cubre los flancos y al fondo cierra.
¡Ay, caravana que se confía
a la española lanza guerrera!

Contra ella irrumpen los bucaneros
machete al aire, bala certera,
y el botín pasa del león hispano
al tigre astuto de las Américas.

*

¡Tortuga! Puerto de la Cayona.
D'Ogeron rige, Le Grand acecha,
Levasseur lucha con Pedro Sangre
y Morgan trama su obra maestra.

En la posada del Rey Felipe
el dado corre y el naipe vuela,
mientras las bolsas en pugna lanzan
áureos relámpagos de monedas.

Noche de orgía, la hez del mundo
bulle en el fondo de las tabernas,
entre el repique de los doblones
y el tiquitoque de las botellas.

El vaho íntimo de las mujeres
prende en la sangre moscas de menta,
y a veces rompen contra el tumulto
los cataplunes de la refriega,

¡Ay, la Cayona del bucanero!
Ron y tabaco, puta y pelea,

juego de turba patibularia
que al diablo invoca por veinte lenguas.

Y cuando izada sobre Tortuga
-pendón corsario- la noche ondea,
la luna, cómplice de los piratas
fija en las sombras su calavera.

*

Para el bucanero carne bucanada,
el largo mosquete de pólvora negra,
la roja camisa, la rústica abarca
y el tórrido ponche de ron con pimienta.

Canción de mar

Dadme esa esponja y tendré el mar.
El mar en overol azul
abotonado de islas
y remendado de continentes,
luchando por salir de su agujero,
con los brazos tendidos empujando las costas.

Dadme esa esponja y tendré el mar.
Jornalero del Cosmos
con el torso de músculos brotado
y los sobacos de alga trasudándole yodo,
surcando el campo inmenso con reja de oleaje
para que Dios le siembre estrellas a voleo.

Dadme esa esponja y tendré el mar.
Peón de confianza y hércules de circo
en cuyos hombros luce su acrobático genio
la chiflada y versátil *troupe* de los meteoros...

(Ved el tifón oblicuo y amarillo de China,
con su farolería de relámpagos
colándose a la vela de los juncos.
Allá el monzón, a la indostana,
el pluvioso cabello perfumado de sándalo
y el yagatán del rayo entre los dientes,
arroja sus eléctricas bengalas
contra el lujoso paquebote
que riega por las playas de incienso y cinamomo
la peste anglosajona del turismo.
Sobre su pata única, vertiginosamente,
gira y gira el tornado mordiéndose la cola
en trance de San Vito hasta caer redondo.
Le sigue el huracán loco del trópico
recién fugado de su celda de islas,
rasgándose con uñas de ráfagas cortantes

las camisas de fuerza que le ponen las nubes;
y detrás, el ciclón caliente y verde,
y sus desmelenadas mujeres de palmeras
fusiladas al plátano y al coco.

En el final despliegue va el simún africano
-seis milenios de arena faraónica
con su reseco tufo de momia y de pirámide-
La cellisca despluma sobre el agua
su gigantesca pájara de nieve.
Trombas hermafroditas
con sombrillas de seda y voces de barítono
cascan nueces de trueno en sus gargantas.
Pasa el iceberg, trono al garete,
del roto y desbandado imperio de los hielos
con su gran oso blanco
como un Haakón polar hacia el destierro,
levantando el hocico cual si husmease en la noche
la Osa Mayor rodada del ártico dominio;
y mangas de pie alígero y talle encorsetado
ondulan las caderas raudamente
en el salón grisperla del nublado,
y ocultan su embarazo
de barcas destripadas y sorbidas
en guardainfantes pálidos de bruma.)

Dadme esa esponja y tendré el mar.
Minero por las grutas de coral y madrépora
en la cerrada noche del abismo
-Himalaya invertido-
le alumbran vagos peces cuyas linternas sordas
disparan sin ruido en la tiniebla
flashes de agua de fósforo
y ojos desmesurados y fijos de escafandra.
Abajo es el imperio fabuloso:
la sombra de galeones sumergidos
desangrando monedas de oro pálido y viejo;
las conchas entreabiertas como párpados

mostrando el ojo ciego y lunar de las perlas:
el pálido fantasma de ciudades hundidas
en el verdor crepuscular del agua...
remotas ulalumes de un sueño inenarrable
resbalado de monstruos que fluyen en silencio
por junglas submarinas y floras de trasmundo.

Dadme esa esponja y tendré el mar.
El mar infatigable, el mar rebelde
contra su sino de forzado eterno,
para tirar del rischa en que la Aurora
con rostro arrociblanco de luna japonesa
rueda en su sol naciente sobre el agua;
para llenar las odres de las nubes;
para tejer con su salobre vaho
el broderí intangible de las nieblas;
para lanzar sus peces voladores
como últimas palomas mensajeras
a los barcos en viaje sin retorno;
para tragarse -hindú maravilloso-
la espada de Vishnú de la centella,
y para ser el comodín orfebre
cuando los iris, picaflores mágicos,
tiemblan libando en su corola azul,
o cuando Dios, como por distraerse,
arrójale pedradas de aerolitos
que él devuelve a las playas convertidas
en estrellas de mar y caracolas.

Dadme esa esponja y tendré el mar.
Hércules prodigioso
tallado a furia de aquilón y rayo
que hincha el tórax en ansia de infinito,
y en gimnástico impulso arrebatado
lucha para salir de su agujero
con los brazos tendidos empujando las costas.

Plena del menéalo

Bochinche de viento y agua...
sobre el mar
está la Antilla bailando
-de aquí payá, de ayá pacá,
menéalo, menéalo-
en el huracán.

Le chorrea la melaza
bajo su faldón de cañas;
tiemblan en goce rumbero
sus pechos de cocoteros,
y vibrante cotelera,
de aquí payá las caderas
preparan el ponche fiero
de ron con murta y yerbiya
para el gaznate extranjero.
¡Ay, que se quema mi Antilla!
¡Ay mulata, que me muero!
Dale a la popa, chiquilla,
y retiemble tu velero
del mastelero a la quilla
de la quilla al mastelero.

Fija la popa en el rumbo
guachinango de la rumba.
¡Ay, cómo zumba tu zumbo
-huracanado balumba-
cuando vas de tumbo en tumbo,
bomba, candombe, macumba,
si el changó de Mombo-jumbo
te pone lela y tarumba!
¡Cómo zumba!

Y ¡qué rabia! cuando sabia
en fuácata y ten con ten,

te vas de merequetén
y dejas al mundo en babia
embabiado en tu vaivén
¡Ay, qué rabia!

Llama de ron tu melena.
Babas de miel te acaoban.
Anguila en agua de plena
pon en juego tus ardites
que te cogen y te roban...
¡Cómo joroban tus quites!
¡Ay que sí, cómo joroban!

En el raudo movimiento
se despliega tu faldón
como una vela en el viento;
tus nalgas son el timón
y tu pecho el tajamar;
vamos, velera del mar,
a correr este ciclón,
que de tu diestro marear
depende tu salvación.
¡A bailar!

Dale a la popa el valiente
pase de garbo torero,
que diga al toro extranjero
cuando sus belfos enfile
hacia tu carne caliente:
-Nacarile, nacarile,
nacarile del Oriente-.

Dale a la popa, danzando,
que te salva ese danzar
del musiú que está velando
al otro lado del mar.
Ondule tu liso vientre
melado en cañaveral;

al bulle-bulle del viento
libre piernas tu palmar;
embalsamen tus ungüentos
azahares de cafetal;
y prenda fiero bochinche
en el batey tropical,
invitando al huele-huele
tu axila de tabacal.

Mientras bailes, no hay quien pueda
cambiarte el alma y la sal.
Ni agapitos por aquí,
ni místeres por allá.
Dale a la popa, mulata,
proyecta en la eternidad
ese tumbo de caderas
que es ráfaga de huracán,
y menéalo, menéalo,
de aquí payá, de ayá pacá,
menéalo, menéalo,
¡para que rabie el Tío Sam!

Vocabulario

---

a

Abasí -dios máximo del ñañiguismo en Cuba. Su símbolo es la palma cocotera. ("Los Negros Brujos" -F. Ortiz; "Ecué, Changó y Yemayá" -J. Luis Martín).

Adombe, gangá, mondé -verso de una canción baile de los negros esclavos de Puerto Rico. Sentido oscuro. Presumiblemente quiera decir "ahora vamos a comer" o "ahora vamos a bailar". Existe un areito haitiano que comienza: "Aya bomba ya bombé" (véase "The Aborígenes of Porto Rico" -Fewkes y "The Magic Island" -Seabrook). Dicho verso parece una deformación del areito, hecha en Puerto Rico. (Recogido por el autor).

Aduar -pueblo, aldea, campamento.

Alimami -jefe de tribu con cierto carácter sacerdotal o religioso. ("Adventures of an African Slaver" -T. Canot).

Anana -fruto de la piña (Antillas).

b

Babbitt -personaje de una novela de Sinclair Lewis que representa el tipo medio americano.

Bachata -orgía, fiesta, juerga. (Cuba, Santo Domingo, Puerto Rico).

Balele -fiesta de negros de Fernando Póo. ("En el País de los

Bubis" -J. Mas; "En las Márgenes del Muni" -F. Carbonell).

Bámbula -danza negra ("El Mulato Enamorado" -P. Reboux).

Baquiné o baquiní -velorio de un niño negro. (Puerto Rico, Santo Domingo).

Bambú -planta gramínea cuyas cañas utilizan los negros para sus construcciones.

Baobab -árbol gigante de África.

Bembe -labio grueso e inferior de los negros (Puerto Rico, Santo Domingo).

Bembé -reunión o fiesta de los negros mayomberos y brujos de Cuba, en donde se prepara lo que llaman "la comida del santo" para limpiar los cuerpos de los malos espíritus. ("Ecué, Changó y Yemayá" -J. Luis Martín).

Bocó o bocor -hechicero o doctor en magia negra de Haití. ("Black Haiti" -Blair Niles).

Bochinche -refriega, pelea (Cuba, Puerto Rico, Santo Domingo).

Bomba -baile de negros (Puerto Rico).

Bombo -dios fluvial del Congo (Enciclopedia Espasa).

Botuco -jefecillo de tribu ("En el País de los Bubis" -J. Mas).

Borococo -alboroto, riña, escándalo (Cuba).

Burundanga -mezcla informe de cosas heterogéneas (Puerto Rico).

C

Cachimbo -pipa en que fuman los negros (Puerto Rico, Cuba, Santo Domingo).

Cafolé - (madame) de *café aut lait*: café con leche; para significar lo mulato, irónicamente. (Autor).

Calabó o calabá -madera africana.

Calenda -baile sensual de los negros esclavos de las Antillas llevado posiblemente a Haití por los negros del reino de Ardra. Se le conoce todavía en Haití bajo el nombre de calinda. Fue prohibido por su carácter crudamente lascivo. ("El viajero universal"; "Black Haití" -B. Niles).

Calalú -especie de sopa negra compuesta de quimbombó y otros vegetales que se utiliza en Cuba y raramente en Puerto Rico, como "la comida del santo". En Martinica se le llama calaulou o soupe negra y no tiene sentido esotérico aludido. ("Ecué, Changó y Yemayá" -J. Luis Martín).

Candombe -baile y fiesta de negros (Sur América, Cuba).

Carabalí -negro de la costa de Calabar (África). Fundador del ñañiguismo en Cuba.

Carato -refresco hecho de la pulpa de la guanábana (Puerto Rico).

Congada -reunión de negros congos.

Cocoroco -gran jefe máximo de tribus negras. ("En el País de los Bubis" -J. Mas).

Cocolo -negro de las Antillas Menores.

Coquí, cocó, cucú, cacá -voces onomatopéyicas negras. (Autor).

Cocomacaco -en las Antillas (Cuba, Haití, Santo Domingo, Puerto Rico) bastón de caña muy dura y fibrosa.

Cristobalón -aumentativo de Cristóbal (Jean Christophe). Emperador de Haití ("Black Majesty" -Vandercook).

Culipandeando -moviendo las caderas. (Puerto Rico, Santo Domingo, Cuba).

Cumbancha -fiesta, bachata, orgía (Cuba, Santo Domingo).

Changó -dios del rayo y el trueno de los negros brujos de Cuba. Corresponde a la Santa Bárbara cristiana. ("Ecué, Changó y Yemayá" -J. Luis Martín; "Los Negros Brujos" -F. Ortiz) Tener changó es tener hechizo o maleficio en Cuba.

Chitome -hechicero del Congo ("Los Pilotos de Altura" -Pío Baroja).

d

Dingo -especie de perro-lobo de Australia. Se usa en el poema "Candome" en el sentido totémico.

e

Ecué -dios de los negros brujos cubanos. Corresponde (¿?) al Cristo de los blancos. ("Ecué, Changó y Yemayá" - J. Luis Martín).

Embó -hechizo (Jamaica, Haití, Cuba).

f

Fufú -hechizo (Puerto Rico, Cuba)

Funche -plato a base de harina de maíz (Puerto Rico). En Santo Domingo plato a base del grano de funche.

g

Gandinga -plato a base de los riñones, el hígado y el corazón del cerdo, bien picados y condimentados con ají y pimienta (Puerto Rico).

Gongo -tambor.

Grifería -cabello ensortijado del mulato; reunión de grifos (Mulatos en Puerto Rico).

j

Jueguito -cabildo o logia de ñáñigos.

Jujú -hechicero, brujo, mago o espíritu que vive en las selvas y cavernas y hace su aparición periódica en las aldeas negras llevándose una víctima a la cual sacrifica en la noche. ("Adventures o an African Slaver" -T. Canot; "Viaje a Sierra Leona" -Mathews; "Black Laughter" - Lewelyn Lewis, etc.) Voz onomatopéyica con reminiscencias de conjuro para ahuyentar los malos espíritus. Gran Jujú, gran espíritu, gran fetiche, etc.

Junjún -instrumento musical de los negros hotentotes, especie de violín primitivo. ("El Viajero Universal").

Jungla -selva espesa y pantanosa.

k

Kalahari -desierto africano.

l

Lingo -dialecto negro entreverado de palabras inglesas.

m

Macandal -caudillo haitiano, precursor de los libertadores. ("Black Haiti" -B. Niles). Amuleto de buena suerte en Haití. ("The Magic Island" -Seabrook).

Macaca -fea, simiesca (Cuba, Puerto Rico).

Mandinga -se aplica a los habitantes de una región de África. Por extensión desígnase con dicho término lo negro, lo africano.

Malanga -tubérculo semejante a la yautía (Puerto Rico).

Malagueta -árbol aromático de cuya hoja macerada se extrae la esencia que se usa en la fabricación del bay-rum o alcoholado de malagueta.

Mana -poder, fuerza extraña (Freud-Yung).

Maríyandá o mariandá -baile de negros (Puerto Rico).

Macumba -religión de los negros brasileños. ("Ecué, Changó, Yemayá" -J. Luis Martín).

Mayombera -*de la mayomba* -secta de brujería cubana. ("Los Negros Brujos" -F. Ortiz).

Mondongo -sopón a base de las entrañas del cerdo. (Puerto Rico, Santo Domingo).

Mongo o Mungo -jefe, cacique. ("Travels of Mungo Park" -M. Park; "Adventures of an African Slaver" -T. Canot).

Muñanga -alma, espíritu, poder mágico entre los negros. ("Ecué, Changó, Yemayá" -J. Luis Martín).

ñ

Ñam-ñam -voz onomatopéyica que significa comer, masticar... Existen varias tribus africanas a las cuales los europeos dieron el nombre de ñamñam o myam-myam por sus propensiones antropofágicas (Enciclopedia Espasa y Británica).

Ñeque -tener fleque; en Cuba, tener fuerza extraña y fatal o, a la inversa, tener jettatura.

O

Obatalá o Babalá -dios de los negros brujos (Cuba). Con el nombre de Babalá: culto brujo cubano (Véase F. Ortiz).

p

Papiamentosa -de papiamento: dialecto de los negros de Curazao y otras islas en donde entran el danés, el inglés y el español.

Papaluá -papaloi: de papa le roi. Sacerdote del vodú haitiano.

Parejero -presumido, entremetido, presuntuoso. Aplícase al mulato que quiere fingir de blanco. (Puerto Rico, Cuba, Santo Domingo).

Pasa -mechón de pelo ensortijado de los negros (Puerto Rico, Santo Domingo).

Patualesa -de pataois: francés deformado de los negros de Haití, Martinica, Guadalupe y otras antillas francesas.

Pongo -río africano.

Prángana -"estar prángana" en Cuba, no tener un cuarto-

"Estoy en la prángana" -igual significado en Santo
Domingo y Puerto Rico.

q

Qgún -Ogoun Badagri, dios de la guerra del vodú haitiano.

Quimbamba -región quimérica (Puerto Rico, Cuba, Santo
Domingo).

Quimbombó -vegetal parecido al pepinillo. En Cuba se utiliza
para preparar "la comida del santo" por los negros
brujos.

r

Rumba -baile típico cubano.

s

Sabana -llanura cubierta de yerba (Antillas).

Sananería -desabridez, abobamiento. sin gracia (Puerto Rico).

Senseribó, Seseribó, Sese o Sescribo -gran copón del altar ñáñigo
que contiene la sangre y las plumas del gallo del
sacrificio. ("Ecué, Changó, Yemayá" -J. Luis Martín;
"Yamba-O" -Alejo Carpentier; "Los Negros Brujos" -
F. Ortiz).

t

Tangañica -región y lago africanos.

Tembandumba -gran matriarca de África, reina de los jagas o
gager que de acuerdo con Krishne es una región o
pueblo indefinido del continente negro. Figura en
las leyendas africanas como una amazona que hizo

asesinar a su hijo, preparó con su sangre un ungüento frotándose con él el cuerpo para infundirle valor a sus guerreros. ("Narraciones de Cavazzi"; "El Viajero Universal"; "El Enigma del Matriarcado" -Krishne). En el libro la utilizo como símbolo de la negra o la mulata.

Ten con ten -que se apoya, ya en una cosa, ya en otra; que no está firme; que se mantiene en movimiento pendular (Puerto Rico).

Tití -mono pequeño de América.

Títiringó o titingó -juerga o desorden (Cuba).

Tortolo -negro de la isla Tortola.

Tucutú, tocotó, tumcutum, etc.. -voces onomatopéyicas.

Totem -Ancestro remoto del que derivan sus cualidades las tribus. Puede ser un árbol, un animal, un río, etc. ("A Través del Continente Negro" -Expedición Citroen; "Antología Negra" -Blais Cendrars; "Totem y Tabú" -S. Freud).

V

Vodú -religión hermética de los negros haitianos, adoradores de la serpiente (damballah ouedo) introducida del Dahomey. Existen dos clases de vodú, el blanco, con sacrificio de gallos y otros animales y el rojo, con sacrificio de machos cabríos y hasta de seres humanos, preferiblemente niños. A éstos se les llama "el cabrito sin cuernos". Entre sus dioses máximos se destacan "Damballah Ouedo" la serpiente, y "Ogoun Badagrí": el dios de la guerra. ("C»ïls de Haití" -Rodríguez Castro; "The Magic Island" -Seabrook).

Z

Zombí -en África, aparición o fantasma de muerto. ("El Viajero Universal"). En Haití, cuerpo desenterrado y sin alma que actúa bajo la influencia hipnótica de los brujos ("The Magic Island" -Seabrook).